GALERIE
DE LA
RÉPUBLIQUE FRANÇAISE
OU

COLLECTION
DE
QUELQUES FAITS ET DITS MÉMORABLES
DES
FRANÇAIS LIBRES
A L'USAGE
DE LA JEUNESSE.

PREMIER CAHIER.

Les plus grands prodiges de vertu ont été produits par l'amour de la patrie & de la liberté.

J. J. ROUSSEAU.

A STRASBOURG,
De l'imprimerie de JEAN HENRI HEITZ.
1793.
l'an 2. de la République française.

a Paris chez Fuchs. Libraire quai des augustins n° 28

Exemplaire de remplacement

REPERTOIRE.

Dans

Dans une République naiſſante il faut former l'eſprit public, et c'eſt par la jeuneſſe qu'il faut commencer. Les exemples ſont beaucoup plus d'impreſſion & d'effet ſur elle, que les meilleurs préceptes, pour lui rendre agréables les vertus morales et politiques. Autrefois il falloit rechercher les grands modèles dans les annales des Grecs & des Romains, dans l'hiſtoire ancienne & moderne; aujourd'hui nous les avons ſous les yeux dans notre Nation. Ils n'en ſont que d'autant plus intéreſſans pour nous, contemporains de ces hommes, qui les donnent.

Cette collection eſt tirée pour la plûpart des rapports officiels lus à la Convention Nationale & des journaux périodiques.

Le lecteur jugera de l'utilité de ce recueil par le titre & encore mieux par ſon contenu.

I.

Simoneau, Maire d'Étampes.

A Étampes une bande de mutins & d'agitateurs du peuple voulurent forcer le cultivateur de vendre ſes grains à un prix fixé; les marchands s'y refuſent, citant la loi qui le défend. Il s'éleve un tumulte. Simoneau y accourt revêtu du ſigne extérieur de la loi & environné d'une troupe armée, pour que force demeurât à la loi. Les ſéditieux le ſomment de ſouffrir qu'ils taxaſſent par la violence le prix des grains. Simoneau n'héſite pas. Trois fois on lui crie de taxer; — trois fois il répond que — non. Un Maire devoit-il calculer, que ſans perdre ſon honneur, il pouvoit ſe retirer? Fidèle à ſon ferment de maintenir la loi aux dépens de ſa vie, il reſte. On tire ſur lui, il tombe bleſſé à mort. La troupe qui devoit le ſoutenir & le défendre, l'abandonne, le maltraite même. Son corps expirant eſt foulé aux pieds par les ſcélérats — il expire martyr de la loi.

Pour honorer & perpétuer la mémoire de ce digne Magiſtrat l'Aſſemblée Nationale a décrété: qu'il feroit élevé à Étampes où ſe tient le marché, une pyramide triangulaire. Sur l'un des côtés feront ces mots: *Henri Simoneau, élu Maire d'Étampes le . . . .* ſur l'autre: *ma vie eſt à vous, vous pouvez me tuer, mais je ne manquerai pas à mon devoir, la loi me le défend* (dernières paroles du Maire d'Étampes); & ſur le troiſième côté: *la Nation française à la mémoire du Magiſtrat du peuple, qui mourut pour la loi.*

II.

Le grenadier Pie.

Dans l'affaire du 30 Avril 1792 près Mons, le brave Pie, grenadier d'un bataillon de Paris, dangereuſement bleſſé à côté de Beauharnois, lui dit: « Mon „ officier, achevez-moi, que je ne voie pas la honte „ de cette journée; vous voyez que je meurs à côté „ de mon fuſil, & que je n'éprouve que le regret, „ de ne pouvoir plus le porter. " Il fut ſoigné à l'hôpital de Valenciennes, ſon nom inſéré dans le procès-verbal de l'Aſſemblée Nationale, et lui ſpécialement recommandé aux généraux.

III.

Pie recompenſé.

Le 12 Mai une députation des volontaires & des troupes de ligne en garniſon à Paris apporta dans l'Aſſemblée Nationale un ſabre deſtiné au brave grenadier *Pie*. L'orateur dit : " Nous pourrions envoyer „ ce ſabre nous-même ; mais la bravoure eſt une „ propriété nationale, nous en confions le prix aux „ Repréſentans du peuple. Puiſſe cette offrande ſimple „ & pure ſervir de monument à la gloire de ce digne „ ſoldat, d'encouragement à tous les Français, & „ prouver aux factieux de toute livrée, que les vo„ lontaires & les troupes de ligne connoiſſent & ap„ précient les avantages de la diſcipline et de la ſub„ ordination, puiſqu'ils admirent celui qui vient d'en „ donner un ſi grand exemple. „

L'Aſſemblée Nationale décrete l'impreſſion & l'envoi à l'armée du diſcours qu'elle venoit d'entendre, & que le préſident écrive au brave Pie en lui envoyant le ſabre que ſes camarades lui ont conſacré.

Lorſque le 18 Mai les généraux Rochambeau & Lukner préſentèrent le ſabre au brave Pie, reconvaleſcent à l'hôpital, de la part du bataillon de St. Joſeph de Paris, ce magnanime défenſeur de la patrie ſe tournant vers ſes camarades leur dit : " Voyez, „ quelle douce recompenſe pour s'être bien conduit.

„ Mes amis, croyez-moi, nous ſerons invincibles „ en obéiſſant aux ordres de nos officiers, & par „ l'exactitude & la ſévérité de la diſcipline. "

IV.

Le canonnier français.

Dans la malheureuſe action de Mons un canonnier ſe voyant ſeul à l'affut, tous ſes camarades ayant été tués ou bleſſés, & étant ſur le point d'être pris par l'ennemi, encloua le canon diſant : « Si tu ne peux „ plus ſervir pour la patrie, tu ne ſerviras pas contre „ elle. " Il fut haché en pièces près de ſon canon.

V.

Au ſiège de Longwik quelques canonniers en priſons demandèrent en ſortir pour combattre l'ennemi; qu'après ils ſe rendroient aux arrêts.

VI.

Près de Mayence un canonnier malade, entendant de ſon lit les coups de canon, ſe leve, s'habille & dit aux chirurgiens qui veulent le retenir : « Il faut „ que j'aille à mon poſte, le canon auquel je ſuis at- „ taché ne feroit pas bien ſervi ſans moi. » Il monte à la batterie. La canonnade finie, & l'ennemi re-pouſſé, il retourne dans ſon lit.

VII.

Le ſergent patriote.

Un ſergent quitte ſon régiment & s'en retourne chez lui par congé abſolu. Il eſt rencontré en chemin par le général Lamorlière. Celui-ci lui demande, pour-quoi il quittoit le ſervice dans le moment que la guerre eſt déclarée ? Comment! dit le ſergent, la guerre eſt déclarée ? En ce cas je rentre dans mon régiment. Le général le ramène ; & comme ſa place étoit déjà donnée à un autre, il s'engage comme ſoldat.

VIII.

Mort glorieuſe de Thénard.

Près de Condé un ſergent commandoit un détachement de quinze hommes au débouché d'un bois. Il fut enveloppé par des troupes autrichiennes à pied & à cheval. Le ſergent avec ſa petite troupe défend ſon poſte avec toute la bravoure françaiſe. Mais il vit tomber ſes camarades l'un après l'autre, juſqu'à ce qu'un coup mortel le frappe à ſon tour. Sur ces entrefaites arrive un ſoldat, envoyé en ville comme ordonnance. Le Chef du parti ennemi lui crie: "Bas „ les armes!" Le nouvel arrivé couche en joue, & caſſe la tête d'un houſſard autrichien; mais dans l'instant il tombe lui-même percé de pluſieurs coups; ſon dernier mot fut: vivre libre ou mourir!

Ce ſoldat s'appelloit Thénard, & n'étoit âgé que de 19 ans.

IX.

Vigoureuse défense de Rousselot.

Un sergent, nommé Rousselot, fut détaché avec douze fusiliers à un poste avancé. Une forte patrouille autrichienne l'attaque; il charge l'ennemi, & toujours en se retirant vers la ville il tire lui seul 40 coups. Un de ses soldats lui dit: qu'il a reçu une balle dans la cuisse. Il lui demande, s'il peut encore marcher; le soldat repond qu'oui. Eh bien! dit-il, charge encore une fois. Enfin il a le bonheur de ramener son détachement à Condé.

Le général Rochambeau fait venir ce brave homme à Valenciennes, le fait diner avec lui, le place à sa droite & montre son chapeau criblé de coups de fusil. Rousselot est prié de faire le recit de l'affaire. Entre autres il dit: que ce qui lui fait le plus de plaisir, c'est que ses soldats étoient tous des recrues, & avoient parfaitement bien travaillé; & qu'à la fin il étoit rentré à la barbe de plus de 50 Autrichiens.

X.

Le païsan français.

Un païsan des frontières de Flandres ayant été pris par des houlans, fut conduit à leur chef. Celui-ci lui demanda: ce qu'il penfoit de la préfente guerre, & s'il avoit une bonne opinion des Français. Le païsan le regardant fièrement lui demande: s'il pouvoit fans danger parler avec franchife? Oui, repond le colonel, tu peux tout dire. Eh bien! lui dit le Français, vous voulez aller à Paris? ... Nous l'efpérons bien, repliqua le chef. ... "En ce cas, reprend „ le païsan, avez-vous auffi deux cents mille hommes „ de recrues tous les mois, & pouvez-vous foutenir „ pendant vingt ans une guerre fanglante, avec des „ finances auffi épuifées que les vôtres? Vous aurez „ bien des montagnes à franchir." ... Le colonel étonné lui demande: où font ces montagnes? "C'eft, „ lui repond le brave païsan, les cadavres amoncelés „ de trois millions de François, qui ont juré de préfé- „ rer la mort à l'efclavage." Le houlan outré tire fon fabre pour lui fendre la tête. "Vous m'aviez „ promis de tout entendre, dit l'intrépide campagnard, „ j'ai dit la vérité, frappez-moi!" Le colonel desarmé par ce dernier trait de grandeur pique des deux fon cheval, & laiffe là ce brave homme, qui s'en retourne tranquillement dans fes foyers.

XI.

Héroïnes françaiſes.

Dans la nuit du premier Juin un détachement autrichien fit replier nos ſentinelles vers le corps de garde, près de la maiſon du ſecrétaire-greffier de la municipalité de Mortagne. Une forte patrouille s'eſt transportée ſur le champ au lieu de l'attaque, & les deux filles du greffier, Théophile & Félicité, ſe ſont miſes à la tête du détachement. L'ennemi n'a plus reparu.

Ce trait d'héroïſme prouve que les Français ſont dignes de la liberté.

XII.

Le généreux maître de poſte.

Le maître de poſte de Puttelange n'eut pas plûtôt appris, que le camp près Neunkirchen manquoit de paille, qu'il s'empreſſa à en fournir une quantité ſuffiſante. Ceux qui l'avoient amené s'en retournoient chez eux ſans dire d'où cela venoit. Ce n'eſt que long-tems après, que l'on ſut à qui l'on devoit cet acte de générosité & de patriotisme.

XIII.

La ſentinelle qui fait ſon devoir.

Quelques ſcélérats voulant entrer de force dans une maiſon de Paris : *qu'allez-vous faire?* s'écrie le garde national de ſentinelle devant la porte ... *Nous voulons entrer .... Vous n'entrerez pas, loin d'ici! ... Nous le voulons abſolument .... Écoutez, je ſuis citoyen comme vous, mais j'ai ma conſigne; cherchez le caporal, qu'il me releve, alors vous entrerez, ſi vous pouvez; avant que cela ſe faſſe, je paſſe au premier, qui s'approche, la bayonnette à travers du corps. Vous me tuerez, mais je tuerai auparavant trois ou quatre d'entre vous, & je mourrai avec la conſolation d'avoir fait mon devoir. ... Voilà un brave homme*, dirent les autres, *il faut reſpecter les ordres qu'il a reçu, ...* & s'en allèrent.

XIV.

Le brave chaſſeur à cheval.

Près de Philippeville une troupe ennemie s'étoit emparée d'un de nos étendards. Un chaſſeur du ci-devant régiment des Cévennes s'en étant apperçu, ſe jette dans les rangs des Autrichiens, la leur arrache, & teinte de ſon ſang & de celui des ennemis, il la rapporte à ſes camarades.

XV.

Le Français libre dans la captivité.

Le lieutenant-colonel du quatrième régiment de huſſards, ci-devant Eſterhazi, qui avoit eu la cuiſſe fracaſſée près de Mons & fut fait priſonnier, dit à un émigré, qui vouloit aider aux chirurgiens pendant qu'ils le panſoient : *Monſieur, retirez-vous ! je haïs les traitres, & ne veux pas vous avoir de l'obligation. Quand j'aurai beſoin de ſecours, j'en demanderai à ces braves gens qui m'ont bleſſé & pris.*

XVI.

Une patrouille venge l'innocence outragée.

Huit houlans entrèrent à Sanguin, village ſur les frontières, demandèrent à déjeuner dans la maiſon du procureur de la commune, & ajoutèrent en ſe moquant : que la nation payeroit l'écot. La maîtreſſe de la maiſon apporte du vin. Auſſitôt quelques-uns de ces barbares l'outragent & la maltraitent inhumainement. Sa fille cadette ſe ſaiſit d'un couteau pour punir ces ſcélérats, mais elle fut faite priſonnière avec ſa ſœur ainée. Un habitant du village rapporte cette infamie à une patrouille du 13 régiment de cavalerie, ci-devant Orléans, en préſence d'un officier ſuiſſe de Diesbach, qui ſe promenoit à cheval. Celui-ci s'offre d'aller avec les ſix cavaliers ſous les ordres du brigadier pourſuivre ces raviſſeurs. Le brigadier cede le commandement à l'officier ſuiſſe. Ils atteignent la horde ennemie. L'officier tire un coup de piſtolet au chef des houlans & le couche par terre. Les cavaliers attaquent homme par homme le reſte. Dans quelques inſtans trois en ſont tués & les quatre autres faits priſonniers & menés à Lille. Seulement deux de ces braves cavaliers furent légèrement bleſſés, & deux de leurs chevaux tués.

XVII.

Le volontaire eſtropié & content.

Dans une affaire près de Maulde, où l'avant-garde ennemie fut repouſſée & mis en déroute avec beaucoup de perte, un garde national avoit perdu les deux bras par un coup de canon. Lorſqu'on l'emportoit pour le panſer, il dit: « Je ne regrette que mes „ deux mains, que je ne puis plus lever au ciel pour „ le remercier de cette belle & glorieuſe journée. »

XVIII.

Un autre brave ſoldat avoit perdu un bras. Lorsque des officiers généraux allèrent le voir à l'hôpital, & voulurent le conſoler, il repondit : “ Je ne ſuis pas „ auſſi malheureux que vous croyez ; ” & en étendant l'autre bras de ſon lit, dit : “ vous voyez bien, „ qu'il m'en reſte encore un, pour ſervir ma patrie.”

XIX.

Début des Français ſur terre d'empire.

Le général Cuſtine étant à la reconnoiſſance avec un petit nombre de cavaliers eſt aſſailli par un fort détachement ennemi ; il s'élance dans les rangs des Autrichiens, en criant : *Nous ſommes inférieurs en nombre ; mais nous ſommes Français ! chargeons ces mercenaires-là !* & de ſes deux premiers coups de ſabre abbat deux ennemis.

XX.

A une affaire près de Landau Muratel, colonel du premier régiment de dragons, ayant été démonté deux fois, ses chevaux étant tués sous lui, se rejette sur un cheval de l'ennemi & se livre de nouveau à la fureur du combat. Bientôt s'étant trop engagé il est entouré de toutes parts & délivré enfin par ses dragons, dont l'un périt sur la place. Il embrasse avec enthousiasme le cadavre du dragon, qui lui a sauvé la vie.

XXI.

Bravoure française à la prise de Spire.

L'aide-de-camp Lutan fut le premier qui enfonça la porte de la ville à coup de hache & entra. Il se risqua trop en avant, & fut enveloppé par des soldats mayençois, qui lui crièrent : prisonnier ! prisonnier ! « Comment, dit Lutan, un aide-de-camp français prisonnier ! non, jamais, jamais ! » Il fendit la tête à un officier ennemi, qui lui avoit donné un coup d'épée dans le flanc ; il se jette dans la foule, renverse trois Mayençois par son cheval & se replie. Une pluie de balles tombe sur lui ; son cheval est blessé, la courroie de l'étrier coupée par une balle, son habit & son chapeau criblé ; mais il rejoint les vainqueurs sans blessure.

Le général Biron lui envoya une dragonne tricolore pour en parer son sabre, qu'il savoit si bien manier.

XXII.

Le jeune citoyen Guye, lieutenant au 13 régiment d'infanterie, étoit d'ordonnance le jour de la priſe de Spire auprès du général Cuſtine. Celui-ci l'envoya reconnoître, ſi la ſeconde porte de la ville étoit fermée. Sur ſon rapport que le guichet ſeul étoit ouvert, il lui ordonna d'entrer dans la ville par ce guichet, ce que l'officier fit ſans héſiter. Après avoir traverſé pluſieurs rues ſans trouver perſonne, il découvre les ennemis rangés en bataille dans la grand' rue, s'approche de leur colonne, & au moment où il cherchoit à parler à leur chef, pour lui dire, de faire mettre bas les armes à ſa troupe; il eſſuye un feu croiſé & reçoit trois balles dans ſes habits; ſon cheval eſt tué ſous lui. S'étant dégagé de deſſous ſon cheval, il tua de ſes piſtolets deux croates qui venoient ſur lui, & ne pouvant ſans témérité reſter plus long-tems expoſé au feu de l'ennemi; il ſe retire dans une rue détournée, où il falloit encore ſe défendre contre quelques ennemis, jusqu'à ce que le général Cuſtine étant entré dans la ville, avoit fait fuir les Allemands.

Le citoyen Arlandes, colonel du 13 régiment, a donné l'atteſtation de ce fait au jeune officier, pour que le général commandant lui accorde une indemnité pour la perte de ſon cheval.

XXIII.

XXIII.

Générosité de quelques chasseurs.

La contribution que Custine fit payer à la ville de Worms a pesé d'abord sur un petit nombre de pauvres, parce que la repartition n'avoit pas été faite selon le vœu du général.

Une pauvre veuve désolée pleuroit devant la maison commune, parce qu'elle ne pouvoit payer sa quotepart. Elle est accostée par deux chasseurs français, qui l'interrogeoient sur le sujet de ses larmes; ils la conduisent devant l'officier chargé du recouvrement, & demandent la quotité de son imposition; elle étoit de douze francs; ils les tirent de leur poche & ramenent la veuve chez elle.

Ces généreux soldats se sont mêlés dans la foule, de façon qu'on ignore leur nom.

XXIV.

Humanité des volontaires français.

Peu après que les Français s'étoient emparé de la ſaline de Nauheim en Heſſe, le feu prit à une des maiſons principales, dans laquelle logeoit l'épouſe d'un capitaine heſſois fait priſonnier. La dame ſe ſauve avec ſes cinq enfans & laiſſe ſon mobilier à la merci des flammes. Mais pluſieurs volontaires français entrent dans ſes appartemens, transportent au péril de la vie tous ſes effets & les mettent en ſureté dans la cave de la maiſon. Le lendemain ils cherchent la dame déſolée avec ſa famille & la mettent en poſſeſſion de ſon bien.

XXV.

Le trait ſuivant n'eſt pas d'un François libre, mais d'un Mayençois, digne de l'être.

Le général Cuſtine avoit ordonné d'établir une redoute dans le pré d'un particulier. Lorsque la trace en a été faite, le particulier fut prié de ſe trouver là avec le prévôt du lieu pour eſtimer le dégât. Arrivé ſur les lieux, le propriétaire dit: *Monſieur le commandant! j'ai encore d'autres petites pièces de terre dans ces environs, établiſſez une redoute ſur chacune d'elles, & battez les ennemis, je ſerai aſſez payé.*

XXVI.

La famille patriote.

A Valenfoles, dans la ci-devant Provence, un citoyen envoie fes cinq fils à l'armée, & part lui fixième à leur tête. Il avoit encore une fille, qui, honteufe de refter feule & oifive dans fes foyers, s'eft habillée en homme, pour aller combattre les tyrans dans l'armée des hommes libres.

XXVII.

Le poftillon zélé & courageux.

Un poftillon du département de la Marne & Loire étoit chargé de porter en eftafette un paquet de grande importance. Sur fon chemin il trouve une inondation caufée par une rivière débordée. Il veut la franchir, mais il eft emporté par le torrent. Il fe précipite dans les flots pour fauver le paquet dont il étoit porteur.

XXVIII.

Siège de Lille.

L'on ne peut assez admirer le courage, la constance & le patriotisme des braves Lillois pendant tout le siège.

L'ennemi avoit envoyé un trompète pour sommer la ville de se rendre aux Autrichiens; les corps administratifs repondirent: " qu'on venoit de jurer d'être „ fidèle à la Nation française, & de vivre libre ou de „ mourir, & qu'on resteroit à jamais fidèle à ce ser„ ment."

XXIX.

Après quelques jours de bombardement un second trompette vint réitérer la sommation, pour sauver la ville d'une entière destruction. On fit la même reponse, & l'on ajouta: " que des hommes libres ne „ traitoient pas avec des barbares & des monstres." (On tiroit sur la ville à boulets rouges.) Un peuple immense de tout âge & de tout sexe accompagna le trompette jusqu'à la porte de la ville, en chantant *ça ira*, & en criant: *vive la liberté! vive la république française!*

XXX.

A mesure que les ennemis assiégeans redoubloient de rage & de barbarie, les braves Lillois redoubloient d'héroïsme. Ils apprirent à braver les boulets rouges, qu'ils enveloppoient dans du linge mouillé & jettoient dans des baguets d'eau. Ils vinrent à bout même des bombes meurtrières, auxquelles les habitans, jusqu'à des enfans, s'empressoient d'arracher la mêche brulante; ils les apportoient alors en triomphe à des endroits indiqués, en disant: *voilà encore un ennemi mort! vive la liberté, vive la république!* Les malheureux incendiés refusoient même les secours, qu'on leur offroit: « Nous avons encore, dirent-ils, de „ quoi vivre trois ou quatre jours; quand il ne nous „ restera plus rien, nous aurons recours à la bienfai- „ sance nationale. »

XXXI.

Une bombe du plus grand calibre tomba sur une place & créva. Chacun accourut pour en avoir des éclats. Un perruquier en ramassa un assez considérable & dit: Voilà mon plat à barbe, qui est-ce qui veut se faire raser? Plusieurs citoyens se présentèrent, & il en rasa quatorze sur le champ.

XXXII.

On vint dire à un citoyen canonnier posté ſur une des batteries les plus importantes de la ville, que ſa maiſon étoit en proie aux flammes. *Eh bien*, dit-il, avec le calme d'un Spartiate, *ma maiſon eſt en danger ? ma patrie l'eſt auſſi ; voici mon poſte, que je ne quitte pas ; c'eſt ici que j'ai mon premier intérêt.* Il ajuſte ſon canon, & y met le feu.

XXXIII.

Pendant que le conſeil général du département tenoit ſes ſéances, un boulet renverſe une partie du mur de la ſalle d'aſſemblée, & paſſe entre le préſident & le greffier. Perſonne ne bouge, & l'un des membres du conſeil ſe leve & dit : *Le département eſt permanent ; je fais la motion : que ce boulet le ſoit auſſi.* Il fut arrèté, qu'il ſeroit conſervé & placé dans la ſalle comme un monument de gloire pour Lille, & d'opprobre pour nos ennemis.

XXXIV.

Le clocher de l'égliſe St. Etienne fut embraſé par un boulet rouge, & la flamme ſe communiqua déjà à la maiſon attenante ; mais le citoyen qui l'habitoit, avant que de penſer à ſauver ſes effets, monta ſur le clocher pour ſauver le bonnet de la liberté qui ſe trouvoit ſur la pointe. Lorſqu'on vouloit l'en empêcher, il dit : je ne ſerai content, que quand ce ſigne de notre liberté ſera en ſureté.

Ce bonnet eſt conſervé à jamais dans la chambre du conſeil de la maiſon commune.

XXXV.

Journée du 20 Septembre 1792.

Dans cette fameuſe journée qui ſauva la France, tandis que les boulets & les bombes tomboient comme la grêle, le général parcouroit les rangs des bataillons, & les encourageoit à ſe préparer à vaincre ou à mourir, il lui vient dans l'idée de leur dire : *Aſſeyez-vous, en attendant que vous ſoyez à portée de l'ennemi, vos dangers ſeront moins grands.* Tous lui crièrent : *Vous êtes bien à cheval.* Aucun de ces braves guerriers ne plia le jarret. Dans cet inſtant il ſe paſſa une ſcène des plus touchantes, & qui fut remarquée de toute l'armée :

XXXVI.

Un jeune militaire ſe porte en avant du front, après en avoir obtenu la permiſſion, pour aller embraſſer ſon frère, qui venoit d'être tué d'un boulet. Ce tribut fraternel payé à la nature, cet intéreſſant militaire, tout en eſſuyant ſes larmes, vint reprendre ſon poſte, & cria : vive la nation !

XXXVII.

Dans la même journée le brave Lornier, lieutenant-colonel du 5 bataillon de grenadiers, ayant reçu une blessure mortelle, ses camarades s'empressèrent autour de lui, les larmes aux yeux, à le soulager. "Mes „ amis, leur dit cet intrépide guerrier, vos soins me „ sont inutiles, retournez à l'ennemi & chargez le. „ Je meurs content, la cause de la liberté triomphe." Il expira un moment après. Depuis cette mémorable journée, Prussiens, Autrichiens, émigrés, tout a fui.

XXXVIII.

Premiers exploits des Français libres sur mer.

La flotte de la république françaife sous les ordres du contre-amiral Truguet étant en croisière devant Nice, les équipages se rejouissoient en attendant le signal du combat. Des malveillans dispersés, parmi les soldats & les matelots, leur vouloient faire accroire, que bientôt la flotte alloit être écrasée par es batteries ennemies, que les forteresses de Montalban & de Villefranche incendieroient nos vaisseaux par des bombes & des boulets rouges, qu'il y avoit des batteries masquées, dont on ne pouvoit voir le jeu, mais dont on sentiroit l'effet foudroyant, sans pouvoir plus l'éviter &c. Malgré toutes ces annonces terribles, faites aux foldats, pour les effrayer, ils n'ont montré que plus d'ardeur de fe mefurer avec l'ennemi; la terreur n'a point entré dans leurs cœurs républicains. Rien de tout ce qu'on difoit n'eft arrivé. Notre armée navale n'a éprouvé aucun obftacle, & n'a remporté que d'éclatans fuccès. La prife de ces villes fut le prix de leur intrépidité.

XXXIX.

Au mois de Février 1793 fept marins de l'isle de Bats fe jettent dans une frêle chaloupe pour aller au fecours d'un corfaire français, qui étoit aux prifes avec une frégate anglaife à la vue de l'isle. Ils font affez heureux de monter à bord du corfaire au milieu du combat, & de l'arracher à la frégate. Ces 7 braves citoyens font Gueguin, capitaine au long cours, Nicolas Floch, ancien pilote de bateau, Claude Farus, Nicolas le Lez, Nicolas Floch le jeune, matelots, Olivier Salaun, maître de barque, Sebaftien Toules, invalide.

Ce qu'il y a de fingulier dans cette affaire, c'eft que la frégate angloife, pendant tout le cours de fon feu, a toujours confervé le pavillon français tricolor, & n'a hiffé fon yack anglais qu'au moment où elle a reviré de bord. Ce qui eft tout-à-fait contraire aux regles admifes de la guerre.

XL.

Ambition des Généraux français.

A la société patriotique de Nice on fit la motion de décerner la couronne civique au général français. Un cri universel se fait entendre : *le baton de maréchal pour lui, il faut qu'il soit maréchal de France!* Le général étoit présent ; il se leve : *camarades, dit-il, & vous, citoyens! que faites-vous? que demandez-vous? . . . des hochets de l'ancien régime? je les méprise. Le seul baton de maréchal que j'ambitionne, je l'ai déjà, c'est la confiance de la république & l'amour de l'armée.*

XLI.

Le fils digne de son père.

A la lecture du rapport, que l'on fit à la Convention nationale de la descente des Français à Oneglia, où l'adjudant général Aubermont a été tué par la trahison des paisans côtiers : le père du défunt, membre de la Convention nationale, tomba en foiblesse & fut transporté dans un appartement attenant. Lorsqu'il avoit repris ses sens, il rentra dans la salle de l'assemblée, & d'un ton mâle proféra ces paroles : *Hélas, mon fils unique! mais il étoit fidèle à son devoir, & est mort à son poste, je resterai au mien.*

XLII.

Les païſans de Conflans.

Cinq citoyens cultivateurs de Conflans, ſans autres armes que leur patriotiſme & leur courage, ſont parvenus à déſarmer quatre ſoldats ennemis & à les faire priſonniers. 200 Autrichiens ſont entrés peu après dans Conflans, & y ont dreſſé des potences pour pendre ces 5 payſans; mais ils s'étoient déjà rendus à Metz avec leur priſe, où les adminiſtrateurs du département ont accueilli avec tranſport ces braves citoyens.

XLIII.

Le ſoldat adoptif.

Les commiſſaires de la Convention nationale étant à Bayonne, & paſſant en revue le 80 régiment: on leur préſenta un jeune homme d'une figure agréable, mais dont l'âge & les forces ne ſembloient pas permettre ſon admiſſion dans le régiment; elle étoit cependant ſollicitée par les officiers & les ſoldats. Les commiſſaires héſitoient à le recevoir. Un vieux ſergent s'avance & d'un air pénétré leur dit: *Citoyens! c'eſt mon fils; je l'ai ſauvé de la mort ſur les remparts de Metz; où il étoit expoſé. Je l'ai nourri, je l'ai élevé, je le donne à ma patrie ſans crainte qu'il me désavoue. Laissez-le servir à mes côtés ; quoique peu de forces me restent, j'en aurai assez encore pour lui apprendre, comment on combat & meurt pour la liberté.*

Les commissaires touchés jusqu'aux larmes, cèdent à ses prières, embrassent le vieillard & le jeune soldat, persuadés que la Convention nationale ne desavouera pas leur adoption.

Le rapport de ce trait sublime fût fait à l'Assemblée nationale le 27 Oct. 1792 & accueilli par mille applaudissemens.

XLIV.

Bataille près de Gemmappe.

Le général commandant harangue ses soldats & dit : *Camarades ! c'est pour la liberté des peuples que nous combattons. Les soldats des despotes craignent l'arme blanche, emportons de vive force le mont Parisel. L'affranchissement d'une grande nation est derrière ce rempart.*

L'armée de la république française attaque & remporte une victoire complette.

La Breteche, ce brave soldat de la patrie, qui a sauvé la vie à son général & à plusieurs de ses frères d'armes en combattant à Genappe, & y a reçu quarante-une blessures, fut présenté le 6 mars 1793 à la

Convention nationale par le ministre de la guerre, alors son général.

Le président lui pose sur la tête la couronne de chêne, en lui disant : *Reçois le prix de ton courage & de tes vertus. Que ton exemple enflamme nos guerriers, & qu'il apprenne aux despotes ce que trois millions de Français, prêts à t'imiter, peuvent cueillir de lauriers avant de succomber.*

Il lui donne ensuite l'accolade fraternelle & l'arme d'un sabre, sur lequel sont gravés ces mots : *La république française à Labretèche.*

Le vénérable guerrier, pour témoigner sa gratitude, dit : qu'il n'avoit qu'un regret ; c'est de n'avoir qu'une vie à offrir, pour le salut de la république.

XLV.

Belles actions à la journée glorieuse du 6 Novembre 1792.

A la bataille de ce jour près de Mons, lorsque nos troupes forcèrent les retranchemens des Autrichiens, un grenadier français blessé à mort étoit couché sur le bord d'un fossé, qu'il falloit franchir pour parvenir à l'ennemi. L'officier français, commandant un bataillon de grenadiers, qui attaqua ce point-là, fit jetter tout ce qu'on trouvoit sous la main dans le fossé pour le combler, même les corps morts des tués. Comme on s'apperçut que le grenadier vivoit encore, on le mit de côté, pour le faire transporter au dépôt des blessés. Mais le brave républicain dit: *Mes camarades! ne faites pas de façons avec moi; je n'ai plus que deux momens à vivre, & ne puis plus servir ma patrie de mes bras, jettez-y mon corps aussi avec ces braves gens-là, je la servirai encore après ma mort.*

XLVI.

Le brave valet de chambre.

Baptiste, valet de chambre du général commandant, au jour de la bataille de Mons, le 6 Novembre 1792, voyant que son maître à la tête de quelques compagnies de grenadiers prenoit par assaut une redoute ennemie après l'autre, mais qu'il perdoit aussi beaucoup de monde, & que quelques corps des nôtres étoient même forcés de se replier; il rassembla cinq escadrons & trois bataillons, retourne avec ces forces sur le champ de bataille, se jette le premier, le sabre à la main, dans un retranchement, qu'il force, & charge si vigoureusement l'ennemi, que selon le témoignage du général, ce brave homme contribuoit beaucoup à la victoire de cette belle journée.

XLVII.

Belle action de Grenaudau.

Ce citoyen étoit à bord d'un navire de Nantes, nommé la Tresquita, dans les parages de la mer d'Ethiopie près la Guinée. Il fut envoyé avec quatre hommes pour une petite expédition, & devoit remonter la rivière de *Zaire.* Mais le tems étant fort orageux, & le canot dans lequel il se trouvoit avec son monde, s'étant rempli d'eau, & ayant chaviré, fuyoit devant la lame, que la force du vent avoit rendue très grosse. Le brave Grenaudau montra dans cette circonstance autant de zèle & de présence d'esprit, que de courage & d'humanité. Il se jette à la nage chaque fois que l'un de ses compagnons d'infortune est forcé par la lame d'abandonner la quille du canot. Il les y rapporte l'un après l'autre. Il reste quelques heures dans cette triste position, pendant lesquelles le courant l'emporte vers l'embouchure de la rivière. Mais passant près d'un point de terre il se jette de nouveau à la nage, tenant dans ses dents un bout de corde attachée au canot. Arrivé à terre il attache la corde à une branche d'arbre, & parvient enfin à y amener le canot avec ses 4 camarades. Epuisé de fatique il met alors une petite voile, avec le secours de laquelle tous les cinq ont le bonheur de se rendre à bord du navire.

XLVIII.

Prise & reprise de Verdun.

Au siège de Verdun le roi de Prusse envoie un officier dans la ville pour la sommer de se rendre et se garantir par-là du bombardement & de l'assaut. Beaurepaire, commandant de la place, repond à l'officier parlementaire : *Dites à votre maître, que si dans l'assaut nous sommes forcés de céder au grand nombre des assiégeans, nous savons où sont les magasins à poudre, & nous oserons ouvrir les tombeaux des vainqueurs dans le champ même de la victoire.*

XLIX.

Une grande partie des habitans de Verdun étant décidés à se rendre, un capitaine des volontaires du département de Mayenne & Loire connoissant ces dispositions vint avec plusieurs de ses camarades déposer son indignation dans le sein de Beaurepaire, qui leur dit : *Mes frères! j'entrevois un moyen de vous soustraire à l'horreur de votre situation : il seroit périlleux pour des traitres, il est digne de vous. Réunissons-nous, sortons de la ville, passons à travers l'armée ennemie. Nous trouverons là la mort, mais une mort glorieuse, ou nous vivrons, pour aller rejoindre des frères d'armes plus dignes de notre courage.*

Beaurepaire, sur le point d'exécuter ce qu'il avoit médité, reçoit une lettre, qui lui annonce que le roi de de Pruſſe eſt prévenu de ce projet de ſortie, & que la porte de ſecours de la citadelle étoit ſurveillée par des lâches, que cette réſolution avoit étonné & deſeſpéré. Beaurepaire retourne au conſeil, — il parle — & Beaurepaire n'eſt plus.

L.

Un dragon du 14 régiment étant entré à Verdun avec le général, lors du pourparler ſur la capitulation de cette place, ſe rencontra par hazard dans une maiſon avec les deux fils du roi de Pruſſe & le neveu du duc de Brunſwik. Il leur parla avec la franchiſe d'un homme libre. On but enſemble à la bonne réunion. Mais ces princes paroiſſant étonnés de l'air aiſé du citoyen ſimple dragon; le neveu du duc le prit à part & lui demanda familièrement, s'il connoiſſoit ceux, avec qui il venoit de trinquer. — *Parfaitement*, repondit le ſoldat français, *c'étoit avec des hommes, comme vous & moi.*

LI.

Début des huſſards de la mort.

Le colonel des huſſards de la mort poſté avec une partie de ſon régiment près la Sarre, voyant ſur l'autre rive les préparatifs d'un pont, paſſe la rivière à la nage avec quelques-uns de ſa troupe, met le feu aux pontons, détruit ce qu'il peut, repaſſe la Sarre & ramene ſon monde ſain & ſauf au camp.

LII.

Le père qui remplace ſon fils.

Le nommé Jolibois, vétéran de l'armée françaiſe, ayant appris que ſon fils étoit déſerté du premier bataillon de Paris, eſt arrivé au camp le matin de la bataille de Genape. Il prend la place de ſon fils, & s'écrie à chaque coup de fuſil qu'il tire ſur l'ennemi: *Ah, mon fils! faut-il que le ſouvenir douloureux de ta faute empoiſonne des momens auſſi glorieux!*

LIII.

Les Français bravants les neiges & frimats de l'hiver.

Le 16 décembre 1792 nos soldats débusquèrent l'ennemi des hauteurs de Wawrins, où ils sont parvenus au bout d'une heure marchant au pas de charge dans la neige jusqu'aux reins & aux cris de vive la nation. L'ennemi ne cessoit de tirer sur eux; mais effrayé de cet élan extraordinaire de bravoure, il a pris la fuite.

LIV.

Bravoure de Duplessis.

A l'affaire de Sierk, Duplessis, chasseur du 12 régiment combattant contre dix hussards à la fois, frappé de deux coups de feu, la tête presqu'ouverte d'un coup de sabre, un bras fracassé, eût encore l'héroïsme & l'intrépidité de dire, étant près de succomber: *Vous ne me défendrez pas de crier : vive la nation! Je préfère la mort à cette défense.* Il continue de combattre, renverse trois hussards & donne la mort à un quatrième.

La Convention nationale applaudissant à cet acte de bravoure, décerne à Duplessis 600 livres de pension.

LV.

Siège de Thionville.

Dans la nuit du 5 au 6 Octobre 1792 l'ennemi s'approcha avec 60 bouches à feu en barbete, & se disposoit à s'établir. Mais aussitôt que le général de Wimpfen, commandant de la place, le vit bien rassemblé, son feu s'ouvre de tous côtés avec une telle impétuosité, qu'il éteint bientôt celui de l'ennemi, qu'il foudroye en lui détruisant 7 à 800 hommes. Ce fut l'affaire de 3 heures; & si Wimpfen avec sa garnison n'eût pas été au fort, au moment où le feu de l'ennemi fut éteint sur le front d'attaque de la place, il lui enlevoit toute son artillerie; mais en revenant du fort, le jour commençoit à poindre, & l'intervalle de la cessation de son feu donna à l'ennemi le tems de revenir à son artillerie, qu'il avoit abandonnée, & de l'emmener; de sorte que les volontaires de la Creuse, qui firent une sortie, ne trouvèrent plus que des débris d'affuts, de caissons, des munitions &c. On continua de se tâter réciproquement jusqu'au neuf, que le général avec 115 hommes fit une visite à Mr. d'Autichamp, qui en avoit 800. Le 15 il attaqua lui-même l'ennemi, le harcella sans cesse, lui coupa ses ponts, lui enleva ses magasins & le chassa enfin devant lui le 15 & le 16 par deux combats, l'un à Guintrange sous les murs de la ville, l'autre à Berg, distant de 4 lieues de la place.

Le 17 l'ennemi diſparut entièrement ; on ne lui permit jamais d'établir ſes batteries ; dès qu'il apportoit une faſcine ou un gabion, ils étoient enlevés ou brûlés ; remuoit-il la terre, ſur le champ ſon foſſé étoit comblé. Il fut déſolé à un tel point, qu'au bout de moins d'un mois l'aſſiégeant étoit devenu l'aſſiégé.

Pour défendre Thionville contre un ſiège en regle, il y eut fallu de 12 à 15 mille hommes, & il n'y en avoit que cinq mille. En outre le noyau de la place n'a que 16 minutes de circonférence, & ſon développement de fortification eſt de 3600 toiſes. Si donc le commandant eût agi, comme on a fait à Lille, qu'il ſe fut renfermé dans les murs, qu'il ſe fut borné à un échange de boulets & de bombes, il auroit inévitablement été réduit, après avoir épuiſé toutes les reſſources de la plus vigoureuſe défenſe, au parti, auquel il s'étoit arrêté, c'eſt à-dire : de ſe faire ſauter ; puiſque cette petite ville auroit été réduite en cendres en moins de huit jours.

On peut dire que la réſiſtance de Thionville a beaucoup contribué à ſauver la France.

LVI.

Trois citoyens de Thionville forment le projet de ſortir de la ville, d'affronter une mort certaine & d'aller demander du ſecours à Metz. Ils partent & marchent à travers les balles de l'ennemi. Ils arrivent percés de coups, n'ont que le tems de demander le ſecours néceſſaire, & tombent en tournant leurs regards vers la ville aſſiégée; & leurs derniers ſoupirs ſont encore un hommage rendu à la liberté.

Le Français libre dans les temps de rebellion.

LVII.

Du temps des troubles, que des rebelles ſuſcitoient dans le département des deux Sevres, le jeune Vizelle, garde national, reçut une bleſſure mortelle. Pluſieurs de ſes camarades s'empreſſent de le tranſporter à la maiſon de ſecours. *Ne vous occupez pas de moi*, leur dit-il: *qu'un ſeul d'entre vous me conduiſe à l'endroit où je vais mourir, & que les autres aillent combattre; je mourrai ſatisfait, ſi j'apprends à mon dernier inſtant, que vous les avez repouſſés.*

LVIII.

Le ſergent de grenadiers, nommé David, reçoit ce jour-là une balle dans le ſein. A l'inſtant même il tire ſon couteau. *A quoi bon le couteau*, lui dit ſon camarade. *C'eſt pour arracher de mon ſein la balle, que les rebelles viennent de m'envoyer.... La voici; je me hâte de la leur rendre.* Il la met dans ſon fuſil, & tire ſur l'ennemi.

LIX.

Dans la même affaire un autre guerrier avoit reçu une balle à la jambe. *Retirez-vous!* lui dit-on, *ſi vous êtes hors de combat. . .. Moi me retirer?* re-pondit-il; *ce ne ſera que lorſque j'aurai perdu tout mon ſang, que j'abandonnerai mes camarades.*

LX.

Le jeune tambour.

Lors de la repriſe de Francfort un tambour françois, âgé de 13 à 14 ans, fut arrêté par un Heſſois ſur la place de la comédie. Le Heſſois lui met le fuſil ſur la poitrine en lui criant: *Demande pardon!* Le jeune homme ſans s'effrayer jette ſa caiſſe ſur le dos, tire ſon ſabre & dit au Heſſois: *Un Français ne demande pas pardon; . . . tires!* Les bourgeois qui étoient préſens prièrent le Heſſois de donner la vie à cet enfant; mais le Heſſois, dans ſon chargon, vouloit toujours qu'on lui demande pardon. L'enfant, ſans changer de contenance, attendoit toujours le coup, & repétoit à chaque ſommation, qu'un Français ne demandoit point pardon. A la fin cependant le Heſſois eût honte de faire une cruauté devant tant de monde. Il ſaiſit le jeune homme, & le fit priſonnier en lui diſant: *Mais vous êtes fous vous autres Français!*

LXI.

A Rulsheim près Landau un de nos poſtes avancés fut attaqué inopinément par un fort détachement ennemi. Le tambour, jeune homme de 14 ans, natif de Strasbourg, court par tout l'endroit & rappelle toujours. Un huſſard autrichien lui ordonne de ſe taire & le menace de ſon ſabre; — il n'obéit pas. Le huſſard lui coupe le poignet droit; le tambour l'enveloppe de ſon mouchoir & continue de rappeller de la main gauche.

LXII.

Les vrais volontaires.

A Beaugenci, département du Loiret, un citoyen jardinier, âgé de 18 ans, tombe au ſort pour le recrutement de l'armée. Ce jeune homme eſt fils d'un père infirme, père en outre de 4 enfans. Le citoyen Louis Michel Tardif, âgé de 17 ans, en eſt inſtruit; il ſuit l'impulſion de ſon cœur; il vole dans les bras de ce père infortuné, le trouve éploré au milieu de ſa famille & lui dit : *Citoyen, je viens t'offrir des conſolations, ceſſe de t'affliger. Ton fils, ton unique reſſource ne quittera pas tes foyers. Je pars à ſa place, & je vole au ſecours de ma patrie. Voilà le plus beau jour de ma vie.*

La famille ne peut témoigner ſa reconnoiſſance que par des ſanglots; l'expreſſion lui manque. Tardif remet au père la contribution que ſon fils avoit faite pour les jeunes gens enrôlés. Il prend le contingent qui revient à celui qu'il remplace, vole chez une malheureuſe veuve, dont le fils venoit auſſi de tomber au ſort, lui remet l'argent, afin de l'aider à ſe procurer un remplaçant, & à ſubvenir aux beſoins de ſa mère.

LXIII.

La commune de Menoux, diſtrict d'Argenton, devoit fournir 14 hommes pour le recrutement de l'armée. Tous les jeunes gens ſe réuniſſent ſur la place. Les officiers municipaux s'y rendent; ils y font planter 14 piques, & publient la loi pour le recrutement de 300000 hommes. *Que ceux, qui veulent partir*, direnț-ils, *s'emparent de ces piques*. Auſſitôt toute cette jeuneſſe s'y précipite, & 14 jeunes gens vigoureux prennent chacun une des piques, & jurent de revenir vainqueurs. Les autres ont fait une collecte pour ces braves citoyens.

LXIV.

A Vierzon on arrête à l'unanimité, qu'on prendra la voie du ſort pour recruter l'armée. Le tirage commence. Le citoyen Richer, vigneron, âgé de près de 70 ans, voit ſes trois fils, ſeuls appuis de ſa vieilleſſe, tomber ſucceſſivement au ſort. Il jette un cri de douleur, s'évanouit, & les larmes coulent des yeux de toute l'aſſemblée. Alors un jeune citoyen de cette ville, nommé Roger, compagnon menuiſier, qui venoit de tirer deux billets blancs, l'un pour lui, l'autre pour ſon frère, qui l'avoit élevé, s'avance & dit : « J'ai ſatisfait aux devoirs de citoyen, à ceux de „ la fraternité & de la reconnoiſſance, je viens remplir

„ celui, que l'humanité m'impose. Je m'offre de mar-
„ cher à la place d'un des trois frères." Puis s'adres-
sant au citoyen Richer : "respectable vieillard ! dit-il,
„ choisissez celui de vos fils, que vous désirez de con-
„ server auprès de vous." Le vieillard repond : *que ses trois enfans lui sont également chers.* Alors les deux plus jeunes frères demandent, que ce soit leur aîné, qui reste pour soutenir & consoler la vieillesse de leur père. Le généreux Roger se fait inscrire pour marcher à sa place ; & le temple retentit des applaudissemens de toute l'assemblée.

Il faut observer que Roger, avant que de s'offrir pour remplacer gratuitement un des frères Richer, avoit refusé 500 livres d'un citoyen riche pour tirer à sa place.

LXV.

Le brave canonnier.

A la reprise de Pornik par les révoltés, le jeune Relíquet, garde national de cette ville, âgé de 16 ans, servoit une pièce de canon. Quarante coups de feu des insurgens ne purent lui faire quitter sa batterie : se couchant sous son canon & faisant feu de temps à autres, il retint l'ennemi au moins trois quarts d'heure. Il finit, lorsque tout espoir fut perdu, par enclouer le canon, malgré les balles qui pleuvoient sur lui, & sortit le dernier de la ville au milieu des flammes.

LXVI.

Le héros pacificateur.

Dans une rencontre auprès de Montfort le citoyen Juguet ſe trouve à la tête de 60 à 80 gardes nationaux en face d'un attroupement de 500 rebelles, la plus grande partie desarmés. Sa troupe alloit faire feu, il s'arrête, & veut épargner le ſang. Il ſe détache ſeul & ſans armes vers cette multitude; tandis qu'il harangue & cherche à calmer les esprits; un des brigands lui tire un coup de fuſil dans la tête; il tombe, mais il ne ceſſe de parler de paix. *Je pardonne*, dit-il, *le coup que je viens de recevoir. Celui qui l'a porté eſt dans l'erreur; il ſentira ſa faute. Je ne veux jamais le connoître, je vous prie ſeulement de ne pas m'achever, & de m'écouter.*

Fin du premier cahier.

www.ingramcontent.com/pod-product-compliance
Ingram Content Group UK Ltd.
Pitfield, Milton Keynes, MK11 3LW, UK
UKHW020406220726
13923UKWH00004B/1764

9 782329 058238